Barthélemy

Notions

de l'art militaire

1874

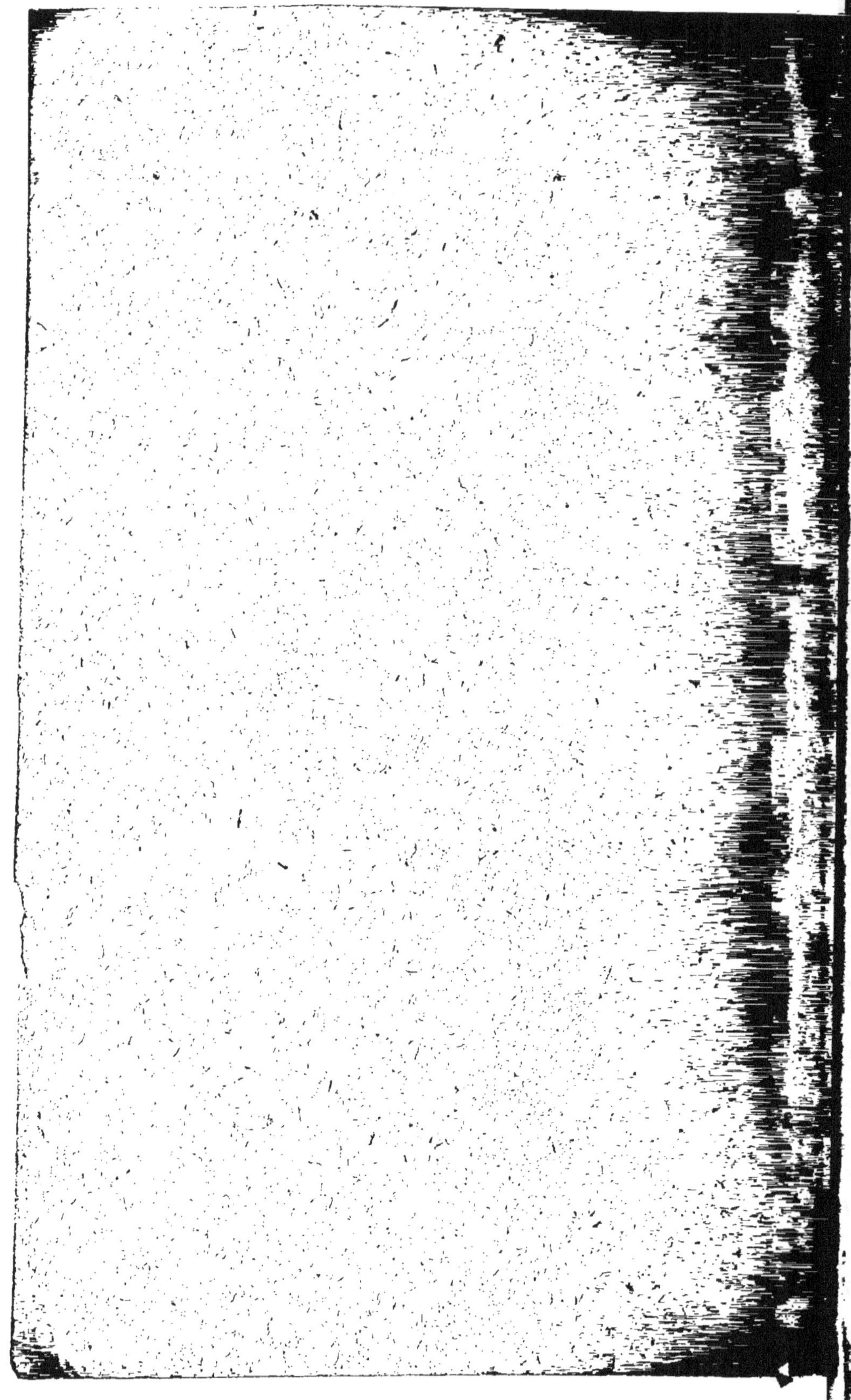

NOTIONS

SUR L'ÉTUDE

DE

L'ART MILITAIRE

PAR

Le Capitaine BARTHÉLEMY

PROFESSEUR D'ART ET D'HISTOIRE MILITAIRES
A L'ÉCOLE NATIONALE SPÉCIALE MILITAIRE DE SAINT-CYR.

PARIS

LIBRAIRIE CH. DELAGRAVE

58, RUE DES ÉCOLES, 58

1874

Tout exemplaire de cet ouvrage non revêtu de notre griffe sera réputé contrefait.

NOTIONS

SUR L'ÉTUDE

DE

L'ART MILITAIRE

INTRODUCTION.

La guerre. — Le but et le droit de la *guerre* sont très-nettement exposés dans l'axiome suivant posé par Montesquieu : « La vie des États est « comme celle des hommes : ceux-ci ont droit de « tuer dans le cas de défense naturelle : ceux-là « ont droit de faire la guerre pour leur propre « conservation. » En l'absence d'un tribunal supérieur à la sanction et à l'arbitrage duquel les nations puissent soumettre leurs différends, la guerre est donc le seul moyen que possède un État pour faire respecter ses droits. C'est une manière violente, mais légale, d'empêcher une nation voisine de se laisser aller à l'arbitraire et à la conquête : son action devient indispensable quand les négociations diplomatiques ont échoué dans leurs tentatives de persuasion et d'apaisement.

L'armée. — *L'armée* est la réunion des forces vives dont dispose un État pour faire la guerre : sa première qualité est d'être toujours prête au rôle pour lequel elle est essentiellement créée et entretenue. Son but définitif est la *victoire*.

L'art militaire. — *L'art militaire* est l'ensemble des procédés et principes usités et admis pour créer, organiser, constituer, entretenir, instruire, préparer et faire agir l'armée : parmi les règles adoptées, les unes sont constantes, immuables, communes à tous les siècles et à toutes les époques, les autres sont variables et perfectibles parce qu'elles dépendent du génie particulier à chaque nation ainsi que des arts, des sciences et de la civilisation, dont elles ont suivi les progrès.

L'art militaire procède de la plupart des sciences et des arts, il participe à toutes les connaissances que l'homme peut acquérir, il atteint les plus grands problèmes qu'ait présentés l'esprit humain : c'est à la fois le résultat de l'imagination, le fruit de l'expérience, la conséquence de l'étude et l'application des plus hautes vertus. Les bases et les éléments de l'art militaire sont fort nombreux et nous allons en esquisser les principaux traits en les groupant en deux catégories distinctes :

La première comprend les règles relatives à la création et à la constitution de l'armée : c'est le *système militaire de l'État*.

La seconde est l'exposé des méthodes usitées pour préparer et employer l'armée : c'est l'*art de la guerre*.

En présentant ce tableau résumé et concis des faits les plus importants de la guerre, nous avons eu surtout en vue de démontrer combien est vraie cette pensée de Jomini : « Malheur aux hommes « de guerre et aux nations pour qui la science de « la guerre est un fardeau, et qui ne veulent pas « reconnaître l'influence de l'art pour ne pas être « forcés de l'apprendre. »

PREMIÈRE PARTIE.

Système militaire d'un État.

DÉFINITION.

Toute société repose sur un ensemble de lois et de conventions qui forment *l'ordre social* et qui se divisent en institutions politiques, civiles, religieuses et militaires.

Les *institutions militaires*, ou le *système militaire d'un État*, doivent être préparées pendant la paix et avoir constamment en vue l'emploi le plus efficace, le moins meurtrier et le moins coûteux de l'armée. En raison du vieil adage, toujours plein d'actualité : « *Si vis pacem, para bellum* », c'est évidemment, lorsque la guerre n'est pas encore déclarée, qu'il convient d'organiser solidement le système militaire : en agissant ainsi, un gouvernement sage peut éviter les hostilités, car la force inspire le respect aussi bien aux États qu'aux individus malveillants et querelleurs, et si la conflagration devient inévitable, il a du moins mis de son côté toutes les probabilités pour rendre la lutte courte et favorable.

CHAPITRE PREMIER.

NÉCESSITÉ DE L'ARMÉE PERMANENTE.

Tout le système militaire repose sur la nécessité si souvent contestée de *l'armée permanente* : celle-ci exista cependant à toutes les époques, sous des formes diverses, et elle ne constitua de danger pour la liberté des citoyens que chez les peuples qui s'étaient désintéressés de la défense du sol de la patrie et dans les nations où les institutions sociales étaient tombées en décadence. L'armée ne doit être, entre les mains d'un gouvernement, qu'un instrument dont il fait usage pour préserver ses droits, analogue en cela à la loi dont l'homme se sert, dans la société, pour garantir les siens.

Dans les Républiques de l'antiquité, chaque citoyen considérait, non-seulement comme un devoir, mais comme un honneur de porter les armes pour défendre la patrie : les vertus militaires tenaient le premier rang dans l'estime publique, les fonctions civiles et politiques n'étaient que la juste récompense des services rendus par le soldat, et Rome ne succomba que pour avoir oublié et délaissé les grands principes qui avaient été les éléments de sa force et de sa grandeur : point n'était besoin alors d'organiser des armées permanentes, puisque tous les hommes valides étaient tenus de s'exercer sans cesse à la lutte, d'apprendre à obéir et de répondre au premier appel : rien n'était plus facile que d'obtenir pareil résultat, car les cités anciennes ne dominaient que sur un territoire de faible étendue où les méthodes d'instruction atteignaient rapidement une uniformité naturelle, où chaque chef, chaque guerrier illustre était universellement connu et honoré.

Il n'en est plus ainsi aujourd'hui : les conditions de l'existence des peuples se sont presque complétement modifiées et la nécessité d'une armée permanente s'appuie sur des considérations si sensées, sur des causes tellement évidentes qu'il devrait suffire de les énoncer et de les rappeler sans chercher à les démontrer : pour tout homme qui a l'amour sincère de son pays, cette nécessité est, en quelque sorte, comme le dogme fondamental du patriotisme.

Quel est donc, en effet, le but de l'armée? n'est-ce pas la *protection des intérêts et des droits nationaux à l'extérieur,* et n'est-il pas naturel de disposer immédiatement des forces nécessaires pour empêcher d'y porter atteinte? est-il plus sage et plus prudent d'attendre le moment du danger pour organiser ces forces, alors que certains peuples se disposent à surprendre leur ennemi et à l'écraser par des masses innombrables, dissimulées jusqu'au dernier moment, et armées d'engins d'une puissance nouvelle? Evidemment non, la prévoyance et l'amour de la patrie conseillent de doter le pays d'une armée toujours prête à agir : car, même à l'époque où nous vivons, les peuples voisins ont des intérêts ou des projets souvent opposés, leurs aspirations sont différentes et ils sont loin d'avoir atteint un égal degré de civilisation : avec l'armée permanente fortement constituée, l'intégrité du territoire est assurée : c'est le bras destiné à frapper les ennemis extérieurs ou intérieurs, à permettre aux vieillards, aux femmes et aux enfants de vivre en sécurité dans leurs foyers ; c'est le bouclier à l'abri duquel l'agriculture, le commerce, l'industrie, les arts, toutes les richesses nationales, peuvent prospérer et se développer.

Plaçons-nous à un autre point de vue, considérons les nécessités de l'*instruction militaire* actuelle, et nous verrons qu'elles exigent aussi la fixité des *cadres,* ou militaires gradés, et l'organisation permanente d'une armée. Dans l'antiquité, les exercices étaient purement corporels et le soldat-citoyen en acquérait rapidement la pratique : de même les moyens de combat étaient restreints, les manœuvres très-simples, les armées peu nombreuses, et les chefs se formaient vite aux devoirs du commandement. Actuellement, le soldat a besoin d'une instruction complète, puisqu'il lutte avec des armes et des engins perfectionnés dont le maniement lui était inconnu avant son entrée dans les rangs de l'armée : quant à l'officier, il doit saisir toute occasion d'apprendre, car dans la carrière qu'il a embrassée, malgré une pratique et un travail constants, il reste toujours beaucoup à étudier et à savoir : la vie de l'homme ne lui suffisant pas pour acquérir une expérience consommée, elle donne à la jeunesse une expérience prématurée qui la rend habile et lui évite de tomber dans les fautes commises par ses devanciers. Au reste, l'étude élève l'esprit et la science, seule, donne au chef l'aplomb nécessaire pour commander, en inspirant le respect à ceux qui doivent lui obéir et en lui permettant de disposer d'une initiative relativement considérable.

En ce qui concerne la *discipline,* la création d'une armée permanente n'est pas moins utile : en Grèce et à Rome, le droit de défendre la République appartenait exclusivement aux citoyens nobles ou riches ; les prolétaires, les affranchis, les esclaves ou les ilotes en étaient exclus comme

indignes et on ne les employait que pour accom-
pagner ou porter les bagages : au moyen-âge, les
hommes d'armes se recrutaient parmi la noblesse
féodale, et les serfs, ou gens de pied, n'étaient
même pas comptés dans l'estimation numérique
des armées : à notre époque, tout citoyen est in-
distinctement appelé dans les rangs de l'armée ;
celle-ci est donc une image réduite de la nation,
dans laquelle toutes les classes sont mélangées et
astreintes à un contact constant, dont le résultat
peut tourner au plus grand avantage de la société, en rapprochant les niveaux et en confon-
dant les castes sociales dans une même commu-
nion d'idées, le dévouement à la patrie, qui est la
plus haute expression des vertus civiques : le sé-
jour dans l'armée permanente a donc pour but
d'inculquer à tous, chefs et soldats, les principes
de la discipline qui forment la sauvegarde de la
société, qui obligent à l'exécution des lois, qui
favorisent le développement des richesses et du
bien-être, qui font la force du gouvernement et lui
permettent de maintenir l'ordre à l'intérieur ainsi
que ses droits au dehors. Cet aspect grandiose
laisse bien loin derrière lui toutes les déclama-
tions qui représentent l'armée comme un moyen
d'asservissement : ainsi envisagée, c'est une vaste
école où le jeune citoyen vient puiser de nouvelles
forces morales, où il vient acquérir les principes
d'activité et d'énergie, où il vient connaître et
partager les idées d'abnégation, de dévouement et
d'amour pour la patrie, ensemble immense de
pensées généreuses et sublimes en dehors des-
quelles rien n'est possible. Dans ce noble milieu
dégagé des mesquines passions qui divisent tant
les sociétés, il n'y a qu'une préoccupation, le devoir, il n'y a qu'un souci, celui de l'honneur :
l'officier est le guide, le soutien, le conseil, l'ins-

tituteur, le père et le juge ; le soldat est l'élève :
entre eux s'établissent ces relations étroites qui
sont le gage d'une estime réciproque, qui pro-
viennent d'une confiance mutuelle issue du dévouement de l'un et du savoir de l'autre, qui
prennent leur origine et leur force dans les dan-
gers communs et dans l'élévation des sentiments
moraux, qui poussent aux plus grands sacrifices, qui sont les preuves de l'affection et du
respect et sur lesquelles repose la base inébran-
lable de la discipline.

CHAPITRE II.

EFFECTIF DE L'ARMÉE PERMANENTE.

La nécessité de l'armée permanente étant reconnue, il convient de donner à celle-ci un effectif
qui lui permette d'agir efficacement selon les circonstances. Pour en équilibrer le système, il faut
que l'effort demandé à la nation soit constant,
qu'il soit en rapport avec les considérations bud-
gétaires et qu'il n'enlève pas à l'agriculture, au
commerce et à l'industrie, les hommes qui leur
sont nécessaires : si les charges sont trop considérables, le pays s'appauvrit et s'épuise : si elles
sont trop faibles, l'État se voit obligé de les
accroître soudain pour faire face au danger,
l'ennemi est prévenu longtemps à l'avance des
préparatifs de guerre, les habitants, endormis
par une sécurité trompeuse, s'alarment rapidement des nouveaux sacrifices exigés d'eux, les
tentatives d'organisation avortent, et la démo-

ralisation vient s'ajouter aux échecs et aux autres maux, conséquence fatale de tout excès d'imprévoyance ou de quiétude. Aucun de ces inconvénients n'est à craindre quand le pays est habitué à fournir sans cesse le même effort et à l'augmenter, mais sans secousse, dès que la guerre est déclarée : tel est le but de la fixité des *cadres* et de la constitution des *réserves*.

L'armée permanente peut présenter trois effectifs différents, selon l'état des relations du pays avec les nations voisines.

1° *En temps de paix,* l'armée ne comporte que l'effectif entretenu, composé des présents sous les drapeaux, décompté à raison d'un homme pour cent habitants : c'est ce que l'on appelle l'*armée permanente* proprement dite, et son entretien annuel exige un budget de mille francs environ par soldat. Les cadres de cette partie de l'armée permanente ont pour but d'instruire et de former tous les soldats ainsi que les cadres des réserves ;

2° Lorsqu'une guerre est déclarée, mais si elle est localisée et qu'il n'y ait pas de danger imminent pour la patrie, on double simplement l'effectif de paix par le rappel des plus jeunes des hommes ayant servi déjà et qui constituent la *réserve immédiate* ;

3° Si la guerre est nationale et met la patrie en danger, l'effectif est augmenté jusqu'à la proportion d'un homme par vingt-cinq habitants, et l'on y parvient par l'adjonction de l'*armée territoriale* ou *réserve générale du pays,* dans laquelle entrent les plus âgés des hommes valides : l'armée est alors dite, sur le *grand pied de guerre.*

Le passage du pied de paix aux divers pieds de guerre est ce que l'on appelle la *mobilisation* : cette opération se fait sans à-coup et naturellement dans tout pays où le gouvernement a eu la sagesse d'exercer tous ses défenseurs au service de l'armée, la prévoyance d'entretenir des cadres nombreux et instruits et de préparer le matériel suffisant.

CHAPITRE III.

PRINCIPES D'ORGANISATION.

Combattants. — L'effectif de l'armée étant déterminé, voyons comment on l'organise. Les éléments de combat, usités depuis les temps les plus reculés, sont : l'*homme*, le *cheval*, l'*armement*, le *matériel*. Selon que l'on isole ou que l'on combine ces divers éléments, on obtient quatre *armes* ayant une aptitude et une destination distinctes, savoir :

1º L'*infanterie*, combattant et marchant à pied, formée des hommes qui font exclusivement usage des feux du fusil et du combat à la baïonnette ;

2º La *cavalerie*, composée des hommes qui marchent et combattent à cheval, qui utilisent la rapidité d'allure de celui-ci pour éclairer et poursuivre, et sa force d'impulsion pour renverser par le choc dans la charge ;

3º L'*artillerie*, dans laquelle sont des hommes à pied ou à cheval, destinés à conduire ou à servir les canons ;

4º Le *génie*, composé d'hommes à pied, dont le but est d'élever ou de détruire les fortifications.

Ces quatre armes constituent, avec le *corps d'état-major*, la catégorie des *combattants*.

Non-combattants. — L'entretien de ces diverses

armes nécessite des services administratifs, des soins hygiéniques, des travaux de construction et de réparation, qui sont confiés à certains fonctionnaires et agents dont est formée la catégorie des *non-combattants* : ce sont les suivants :

1° Les *fonctionnaires de l'intendance*, qui ont la surveillance, la direction et le contrôle des opérations administratives ;

2° Les *médecins*, les *pharmaciens* et les *vétérinaires*, chargés du service de santé et d'hygiène de l'homme ou du cheval ;

3° Les *commis aux écritures*, les *ouvriers* d'alimentation, d'habillement, de campement et de harnachement, les *infirmiers*, le *train des équipages*, les *agents* des parquets, pénitenciers et prisons militaires, ainsi que les officiers qui sont chargés de les commander.

Etablissements militaires. — Enfin, l'organisation est complétée par la création d'*établissements militaires*, dont le but est très-variable et dont les principaux sont les suivants :

1° Les *places-fortes*, érigées en vue de la défense du sol, pour servir de point d'appui aux armées ou pour renfermer les grands approvisionnements ;

2° Les *écoles militaires*, qui fournissent des officiers et des sous-officiers aux cadres de l'armée, des instructeurs de tir, d'équitation ou de gymnastique, dont le but général est l'uniformité dans les méthodes d'instruction ;

3° Les *casernes*, pour le logement des troupes et des chevaux ;

4° Les *camps d'instruction*, analogues à des écoles, où les troupes sont exercées aux grandes et aux petites opérations souvent impraticables sur les terrains de manœuvre des garnisons ;

5° Les *hôpitaux*, où tous les hommes malades

ou blessés reçoivent les soins dont ils ont besoin;

6° Les *dépôts de recrutement*, où sont centralisés tous les actes nécessités par l'appel des jeunes soldats, le renvoi des hommes libérés, le rappel des réserves;

7° Les *dépôts de remonte*, qui achètent pour l'armée et lui fournissent les chevaux de selle et de trait dont elle fait usage;

8° Les *ateliers* de l'artillerie, du génie, du train et des autres services administratifs, dans lesquels on prépare les vivres, on fabrique les effets d'habillement, de campement, d'équipement et de harnachement, ainsi que les armes, les munitions, les canons, les voitures, en un mot, tout le matériel de l'armée;

9° Les *magasins*, qui correspondent aux mêmes services que les ateliers, mais dont le but est de conserver, de réparer et d'entretenir toutes les parties du matériel;

10° Les *établissements de répression*, tels qu'ateliers de travaux publics, pénitenciers et prisons militaires, dans lesquels sont envoyés les hommes ayant commis quelque faute grave contre la discipline ou un délit;

11° Les *tribunaux militaires*, conseils de guerre et de révision.

CHAPITRE IV.

PRINCIPES DE LÉGISLATION.

La *législation militaire* a pour but la satisfaction des intérêts moraux de l'armée: elle détermine les devoirs et les droits du citoyen devenu soldat, et par conséquent, elle dépend surtout du caractère particulier de la nation. Les principales lois qu'elle comporte sont relatives au recrutement, aux moyens de récompense et de répression et à l'état légal de l'homme de guerre :

1º La loi sur le *recrutement* indique dans quelles conditions doit être créé et entretenu l'effectif de l'armée, les motifs de dispense, la durée du service, et les obligations et conséquences de ce service ;

2º La loi sur l'*avancement,* la loi sur les *pensions* et la loi sur les *distinctions honorifiques* exposent et résument les moyens de récompenses en faveur des services rendus et les conditions exigées pour obtenir celles-ci ;

3º Le *Code de justice militaire* et les *règlements sur le service intérieur ou dans les places et garnisons* déterminent les moyens de répression à employer contre toute infraction à la discipline ou à l'honneur : ils instituent l'action des *tribunaux militaires* et la limitent ou l'étendent selon que l'on est en état de paix, de guerre ou de siége : enfin, ils marquent les divers degrés des punitions contre les fautes et des peines contre les délits et les crimes ;

4º La *loi sur l'état de l'homme de guerre* règle les prérogatives accordées au grade, la part des charges et des contributions qui incombent au militaire, son action en matière politique, ses droits civils et civiques, la protection des agents municipaux à l'égard de ses biens quand les nécessités du service l'ont obligé à s'éloigner sans en avoir assuré la surveillance et sa situation quand il a quitté le service.

CHAPITRE V.

PRINCIPES D'ADMINISTRATION.

L'*administration militaire* est destinée à pourvoir aux besoins matériels de l'armée : elle agit conformément aux lois et règlements : son service est confié à des fonctionnaires qui se partagent en deux classes distinctes : les uns, *membres du corps de l'intendance*, ont la direction ou le contrôle ; les autres, *agents comptables*, sont chargés de l'exécution et de la gestion.

Une bonne administration est la base la plus solide de la discipline : elle maintient les effectifs, elle prévient l'épuisement de l'Etat : elle doit donc être l'objet des soins les plus constants.

Pour faciliter les travaux de comptabilité et l'action de la surveillance générale, on a partagé l'armée en *unités administratives* qui portent diverses dénominations selon l'arme à laquelle elles appartiennent ; telles sont la *compagnie*, l'*escadron*, la *batterie* et la *section* ; puis, on en a groupé un certain nombre sous la direction d'un *conseil d'administration* et l'on a obtenu le *corps de troupe* ou régiment. C'est encore dans le même but qu'on a formé deux grandes catégories des militaires, l'une qui comprend les *officiers*, l'autre qui comprend les *hommes de troupe*, et qui est formée des sous-officiers, caporaux et soldats,

Les règlements d'administration déterminent les prestations dues à chaque militaire en raison de sa position, de sa mutation ou de son mouvement : chacune de ces prestations constitue un service particulier ayant ses règles appropriées et nettement définies, dont il suffit de donner le titre pour indiquer l'objet : les principaux services sont les suivants :

1º Le service des *fonds* ;

2º Le service de la *solde,* ou des prestations en deniers ;

3º Le service des *subsistances,* vivres et fourrages ;

4º Le service du *chauffage* et de l'*éclairage* ;

5º Le service de l'*habillement,* de l'*armement,* de l'*équipement,* du *campement* et du *harnachement* ;

6º Le service de la *remonte* générale ;

7º Le service du *logement* et du *casernement* ;

8º Le service de *marche* et des *transports* ;

9º Le service des *hôpitaux.*

DEUXIÈME PARTIE

Art de la guerre.

DÉFINITION.

L'*art de la guerre* est la mise en action du système militaire de l'Etat, c'est l'ensemble des méthodes adoptées pour préparer l'armée à faire la guerre et pour l'employer dans les meilleures conditions possibles. Cet art a ses règles et un chef ne saurait les transgresser sans en être châtié par l'ennemi : l'étude en est donc indispensable, mais il faut savoir limiter celle-ci, éviter les systèmes exclusifs, ne point tenir compte des illusions et ne spéculer que sur les faits acquis par l'expérience ou enseignés par l'histoire : parmi tous les arts, il n'en est aucun qui soit à la fois si important et si difficile à posséder, car il faut qu'un chef puisse se déterminer, souvent au milieu du danger, entre des considérations d'égale valeur, d'ordre différent et dont la conséquence conduit à la victoire ou amène la défaite, grandes vérités que Napoléon a résumées dans l'aphorisme suivant : « La guerre « est une affaire de tact : elle n'est composée que « d'accidents, et, bien que tenu à se plier à des « principes généraux, un chef ne doit jamais « perdre de vue tout ce qui peut le mettre à même « de profiter de ces accidents. »

CHAPITRE PREMIER.

HISTOIRE MILITAIRE.

I. Objet et divisions. — L'*histoire militaire* indique dans quel but ont été créées les diverses armes qui composent l'armée, de quelle façon elles ont été employées dans les temps passés, quand et comment elles se sont modifiées selon les progrès des arts et la marche de la civilisation, enfin quels sont les perfectionnements dus au génie d'un souverain, d'un grand général ou au caractère particulier d'une nation : elle retrace les grands dévouements et les belles actions, dont l'exemple constitue un puissant stimulant : elle permet d'observer, de comparer et de méditer les faits, de conclure et d'éviter les fautes dont elle fait ressortir l'importance et les résultats. « Il faut, « d'après l'opinion de Gouvion Saint-Cyr, se for- « mer à l'art de la guerre par l'étude approfondie « de l'histoire des guerres anciennes et modernes, « mais particulièrement de ces dernières. » Malheureusement l'histoire militaire ne relate que les *grandes opérations* auxquelles il est difficile d'emprunter, soit directement, soit par induction, quelques règles élémentaires utiles au soldat et à l'officier d'un grade inférieur, et parmi les écrivains militaires, il en est très-peu qui se soient attachés à décrire les *petites opérations*.

Comme l'histoire militaire semble n'être autre que celle de l'humanité, il s'ensuit que l'étude des guerres demanderait un travail long, fastidieux, irréalisable : il est donc indispensable de choisir avec discernement celles qu'il faut approfondir, et c'est dans ce but qu'on a partagé cette histoire en quatre grandes époques.

II. **Epoque des temps anciens.** — La *première époque,* celle des *temps anciens,* est limitée à l'invention des armes à feu, et elle est caractérisée par l'emploi exclusif des armes blanches : elle comprend trois périodes.

La *période grecque,* s'étendant de la guerre contre les Perses jusqu'aux conquêtes d'Alexandre, et la *période romaine,* allant des guerres puniques aux conquêtes de César, sont toutes deux caractéristiques par la prédominance absolue de l'infanterie et l'usage des formations profondes à rangs serrés.

La *période du moyen âge,* qui comprend les guerres de Charlemagne, les Croisades, la guerre de Cent ans et s'arrête au règne de Charles VII, se fait, au contraire, remarquer par l'importance exclusive de la cavalerie, par l'extension de l'esprit chevaleresque et par l'introduction du combat en haie sur un seul rang de cavaliers qui substituent l'action individuelle à la mêlée générale.

III. **Epoque de transition.** — La *deuxième époque,* dite de *transition,* qui s'étend de Charles VII à Louis XIV, est caractérisée par l'invention des armes à feu et par la création des armées permanentes qui remplacent les milices communales et les contingents féodaux : l'artillerie paraît alors, peu importante, il est vrai, mais l'infanterie tend à reprendre la première place : elle se forme sur plusieurs rangs ainsi que la cavalerie dont les propriétés naturelles semblent, en quelque sorte, avoir été délaissées pour quelque temps.

Toutefois, vers la fin de cette époque, pendant la période suédoise de la guerre de Trente ans,

Gustave-Adolphe adopte de nouveaux procédés relatifs à l'emploi et à la combinaison des diverses armes et dont le résultat est de poser enfin les règles de la tactique moderne.

IV. **Epoque moderne**. — La *troisième époque,* appelée *époque moderne,* s'étend de Louis XIV à 1859 : elle est caractérisée par le perfectionnement des armes à feu, par le développement et la con-stitution définitive des armées permanentes.

Dans la *première période,* qui comprend les guerres du règne de Louis XIV et les conquêtes de Frédéric II, nous voyons appliquer et com-pléter les méthodes du héros suédois : l'infanterie, armée du fusil, ne comprend plus qu'une seule espèce de soldats et réduit successivement sa pro-fondeur de huit à trois rangs pour faciliter l'exé-cution des feux ; la cavalerie reprend ses allures rapides et combat surtout par la charge et le choc à l'arme blanche ; l'artillerie acquiert enfin l'uni-formité et la mobilité qui lui sont nécessaires ; l'importance de l'ingénieur devient de plus en plus grande, en raison du système particulier des guerres qui consistent surtout dans les siéges et amènent l'accroissement des places fortes.

La *deuxième période* s'étend de 1789 à 1840 et contient les grandes guerres de la Révolution française dont les caractères particuliers sont : l'emploi des tirailleurs d'infanterie, l'action des grandes masses de cavalerie et d'artillerie sur les champs de bataille, enfin la hardiesse des combinai-sons stratégiques dans les campagnes de Napoléon.

La *troisième période,* qui va de 1840 à 1859, est surtout remarquable par les perfectionnements introduits à l'armement de l'infanterie et dont la conséquence naturelle est la formation sur deux rangs, que la cavalerie possédait déjà depuis un siècle.

V. Epoque contemporaine. — La *quatrième époque*, ou *époque contemporaine*, commence en 1859 ; en voici les principaux caractères :

1º La constitution des armées nationales, amenées par la formation des nationalités et les guerres qui en sont les conséquences ;

2º L'adoption des armes rayées à tir rapide pour l'infanterie et dont le résultat est une tendance à former celle-ci sur un rang, c'est-à-dire à multiplier les tirailleurs ;

3º L'invention de nouveaux projectiles d'artillerie qui restreignent l'usage des colonnes sur les champs de bataille et semblent éliminer la cavalerie du théâtre de la lutte ;

4º Le morcellement des propriétés, les progrès de l'agriculture et le partage du sol, dont la conséquence est de rendre presque impossible la charge de la cavalerie ;

5º L'introduction des voies ferrées et des lignes télégraphiques dans les moyens de la stratégie, qui changent les principes de la mobilisation et qui ouvrent à la cavalerie un vaste champ d'opérations, en échange de celui que lui ont enlevé les perfectionnements de l'armement.

CHAPITRE II.

TECHNOLOGIE, SPÉCIALITÉS MILITAIRES ET SCIENCES AUXILIAIRES.

I. Définition. — La *technologie militaire* est la science des arts industriels dont l'armée fait usage : elle consiste dans la description et la critique des procédés employés pour se procurer les matières premières, pour les préparer en raison de leur service et pour les adapter à leur destination définitive, ainsi que dans l'histoire des perfectionnements dont ces procédés sont susceptibles. Elle concerne donc les services administratifs aussi bien que ceux de l'artillerie et du génie ; nous avons déjà traité sommairement les premiers et nous ne parlerons, dans ce chapitre, que des deux derniers.

Nous donnerons d'abord quelques notions sur des *sciences auxiliaires et spéciales* de l'art de la guerre, mais dont l'étude est actuellement admise comme indispensable : telles sont la géographie, la statistique et la topographie.

II. **Géographie.** — La *géographie* fait connaître, par ses descriptions et par ses cartes, le *théâtre de la guerre*, c'est-à-dire l'ensemble des pays sur le territoire desquels les deux armées belligérantes peuvent se rencontrer et combattre, mais encore plus particulièrement le *théâtre des opérations*, vaste surface constituée par un bassin de fleuve ou par un versant maritime, et sur lequel les armées ennemies sont disposées et mises en mouvement : l'étude de la géographie indique les origines des Etats, les affinités des races et des peuples, elle fait ressortir l'importance militaire des grands obstacles naturels du sol et celle des places fortes, elle détermine les points faibles que présentent les frontières des diverses nations : elle est donc indispensable pour l'établissement d'un système général d'attaque ou de défense et le *plan de campagne* ne peut être préparé qu'après de profondes méditations sur les considérations géographiques.

III. **Statistique.** — La *statistique*, au point de vue militaire, est la science qui permet d'apprécier l'étendue d'un pays, le nombre, les travaux et le caractère de ses habitants, la force de son armée et les moyens d'action dont elle dispose : c'est l'expression des faits militaires par des forces numériques : elle donne les éléments d'après lesquels on peut, par de sages inductions, estimer la nécessité ou l'inutilité des alliances, ainsi que les chances plus ou moins favorables d'une guerre : enfin, elle détermine les effectifs qu'il faut mettre sur pied en cas d'hostilités.

IV. **Topographie**. — La *topographie* est l'art de dresser le plan d'une faible portion du sol, et d'en présenter la description exacte et détaillée : elle est particulièrement utile pour les combats, les batailles et les petites opérations : elle est à la tactique ce que la géographie est à la stratégie, elle joue le même rôle, en ce qui concerne les *champs de bataille*, que celle-ci par rapport au théâtre de la guerre et aux théâtres des opérations.

V. **Artillerie**. — L'*artillerie*, considérée dans son sens le plus abstrait, déduction faite de l'application de ce terme à l'arme qui emploie les bouches à feu, est l'art de fabriquer les armes blanches, les armes à feu portatives, les canons, les munitions et les artifices de la guerre, enfin les voitures de toutes sortes.

VI. **Fortification**. — La *fortification* est l'art d'ériger des places fortes partout où la géographie indique qu'il existe des points faibles et importants à couvrir : elle a pour but d'augmenter les défenses naturelles, en profitant des dispositions du sol, ou de remédier à l'absence des obstacles par la création des retranchements : elle se divise en deux branches, la *fortification permanente* à laquelle est spécialement employé l'ingénieur militaire et la *fortification passagère* qui devrait être connue de tous, officiers et soldats, car elle paraît appelée à jouer un grand rôle dans toutes les opérations de la guerre.

CHAPITRE III.

TACTIQUE.

ARTICLE 1er. — *Notions préliminaires.*

I. Définition. — L'armée, pendant la guerre, se trouve toujours dans l'une des trois situations suivantes : le *combat,* la *marche,* le *repos.*

La *tactique* est la science des combats : dans ce but, elle détermine l'organisation et le fractionnement des armées en campagne, la combinaison des armes, leurs modes d'action, leurs dispositions et leurs mouvements sur les champs de bataille, en tenant compte des divers accidents du sol : elle s'appuie sur les institutions militaires, sur l'armement, sur la topographie, sur la fortification et sur le moral de l'armée. Quelle que soit l'une des deux étymologies attribuées à la tactique, il faut considérer celle-ci comme l'art d'exécuter les mouvements qui s'accomplissent sous les yeux de l'ennemi, en les appropriant aux considérations que nous venons d'énoncer ci-dessus : elle comprend donc les méthodes d'instruction, la forme des combats et le choix des positions.

Comme toutes les parties de l'art de la guerre, la tactique a des règles, mais elles sont extrêmement variables car elles reposent sur des éléments de nature changeante : c'est incontestablement la science la plus difficile et la plus délicate dans l'art militaire, car elle n'agit qu'au milieu du danger qui tend à diminuer les facultés de l'homme au moment où il en a besoin plus que jamais : elle rentre surtout dans les attributions du soldat et de l'officier de grade inférieur, et elle exige d'eux une observation assidue et une application constante.

II. **Arme et unité tactique**. — Nous avons déjà dit que l'*arme* est la réunion de combattants habillés, équipés, armés, organisés de la même façon et destinés à combattre par des moyens semblables ou analogues : il existe quatre armes, l'infanterie, la cavalerie, l'artillerie et le génie, dont nous avons énoncé les rôles.

L'*unité de force* ou *unité tactique normale* est la réunion des combattants de même arme en nombre déterminé de façon qu'un seul chef puisse les avoir dans la main sur le champ de bataille et se faire voir ou entendre d'eux au milieu de la lutte : il faut, en outre, que ce nombre soit assez fort pour permettre au chef de tenter avec sa troupe quelque opération détachée : cette unité de force est :

Dans l'infanterie, le *bataillon*, de 600 à 1000 hommes.

Dans la cavalerie, l'*escadron*, de 120 à 150 chevaux.

Dans l'artillerie, la *batterie*, de 6 à 8 pièces.

Dans le génie, la *compagnie*, de 150 hommes ; mais nous ne nous occuperons plus de cette dernière arme dont l'emploi se présente dans des circonstances particulières, sortant du cadre que nous nous sommes tracé.

III. **Branches de la tactique**. — La tactique se partage en trois branches principales :

1° La *tactique élémentaire* qui est réglementée,

tant pour les formations et manœuvres de l'unité de force que pour les ordres et évolutions de plusieurs unités de force de même arme, au nombre de 4 à 12 généralement ;

2º La *tactique appliquée*, dont aucun ouvrage réglementaire ne présente les principes et dont le but est l'étude du terrain et des positions militaires pour les appliquer au combat ;

3º La *grande tactique* ou *tactique spéculative* qui n'est pas réglementée et qui s'occupe de l'organisation, de la combinaison, des ordres et des évolutions d'un nombre considérable d'unités de force d'armes différentes.

IV. **Termes usités**. — Avant d'exposer les principes de chacune de ces parties de la tactique, il est indispensable de donner quelques définitions qui sont communes aux unes et aux autres.

La *formation* est la figure dessinée sur le terrain par l'unité de force ; elle doit répondre au but proposé.

La *manœuvre* est le passage d'une formation à une autre ou simplement le déplacement de l'unité de force conservant la même formation.

On appelle *ordre* la figure dessinée sur le terrain par un grand nombre d'unités de force de même arme ou d'armes différentes.

L'*évolution* est le passage d'un ordre à l'autre ou le déplacement de plusieurs unités de force conservant le même ordre.

Les éléments communs à la formation et à l'ordre sont les suivants :

La *file*, qui comprend au moins deux hommes, chevaux ou voitures, rangés l'un derrière l'autre dans le sens de profondeur.

Le *rang*, qui est composé des hommes, chevaux et voitures, placés sur le même alignement dans le sens de la longueur.

3.

Le *front,* qui se dit de l'espace situé en avant du premier rang du côté de l'ennemi.

Les *flancs,* qui se trouvent au côté extérieur des files et des troupes placées aux extrémités.

Les *derrières,* qui sont situés en arrière du dernier rang ou de la dernière troupe, du côté opposé à l'ennemi.

L'*intervalle,* espace qui sépare deux files ou deux troupes voisines, et qui se compte toujours dans le sens de la longueur.

La *distance,* espace qui sépare deux rangs ou deux troupes placés l'un derrière l'autre, et qui se compte toujours dans le sens de la profondeur.

ARTICLE II. — Tactique élémentaire.

I. **Objet.** — La *tactique élémentaire,* ou *petite tactique,* s'appuie sur des règlements, instructions, ordonnances, théories, qui déterminent la force, les formations et les manœuvres de l'unité tactique de chaque arme, qui en établissent le fractionnement, et qui fixent les règles du groupement, les ordres et les évolutions de plusieurs unités de force de même arme : elle est basée particulièrement sur les propriétés et les modes d'action. On l'appelle souvent aussi tactique d'arme ou tactique particulière.

II. **Infanterie. Modes d'action.** — L'infanterie agit par les *feux* et par l'*attaque à la baïonnette :* c'est une arme facile à créer, à organiser et à instruire, peu coûteuse à entretenir, d'un emploi continuel, apte à tous les combats, par toutes les saisons, et dans tous les pays : elle forme la grande masse des armées européennes.

Les feux sont de deux sortes, les *feux de ti-*

railleurs et les *feux de ligne* qui s'exécutent à *commandement* ou à *volonté* : comme *effet utile*, les feux de tirailleurs sont les premiers, puis viennent les feux à volonté et enfin les feux à commandement dont l'effet moral est le plus considérable.

L'attaque à la baïonnette s'exécute en troupe formée ou en tirailleurs ; mais le premier mode semble difficilement praticable depuis l'introduction des armes à tir rapide, tandis qu'en tirailleurs cette attaque subsiste et amène la mêlée ou les luttes individuelles.

Organisation tactique. — L'unité tactique est le *bataillon* qui se partage en compagnies, dont le nombre varie de 4 à 6.

La *compagnie* est l'unité tactique secondaire employée pour les petites opérations et le déploiement des lignes de tirailleurs.

3 bataillons forment le *régiment* : 2 régiments forment la *brigade* : ce groupement facilite la transmission des ordres et assure l'uniformité dans les méthodes d'instruction.

2 brigades forment la *division,* qui est la grande unité tactique dans l'organisation des armées.

Formations et manœuvres. — Les *formations* du bataillon doivent répondre aux diverses nécessités des combats et favoriser le plus possible l'action des feux : ces formations sont les suivantes :

1º En *bataille* : le bataillon, sur deux rangs, occupe un front de 180 à 300 mètres : c'est une formation défensive, rarement offensive ;

2º En *colonne,* à front et à profondeur variables : formation de route, de manœuvre et d'attaque ;

3º En *carré,* vide, demi-plein et plein, n'ayant d'autre but que la résistance contre la cavalerie ;

4º **Mixte,** formation de la colonne de division

ou de compagnie, permettant une action alternativement offensive et défensive, répondant le mieux au combat actuel.

Les *manœuvres* sont des moments de crise, il faut les rendre aussi rapides, simples et sûres qu'on le peut : l'élément des manœuvres du bataillon est la compagnie, qui possède elle-même des formations particulières, telles qu'en bataille, en colonne et en *tirailleurs*.

Ordres et évolutions. — Si nous considérons une division d'infanterie, nous voyons qu'elle peut adopter l'un des *ordres* suivants :

1º En *ligne,* sur une, deux, trois ou quatre lignes, les bataillons étant déployés, en colonne, en carré, en formation mixte, selon les conditions du combat : si la division est sur deux lignes, l'ordre de bataille est par *brigade en ligne* ou par *brigades accolées* : une division peut être formée sur trois lignes, par régiments accolés ;

2 En *colonne,* dans le but de marcher ou de manœuvrer ;

3º En *échelons,* par bataillons, régiments ou brigades, en avant ou en retraite, par ou sur une aile ou le centre, afin d'attaquer par efforts successifs ou de se retirer peu à peu devant l'ennemi ;

4º En *carrés*, par bataillons ou régiments, obliques ou en échiquier, pour résister à la cavalerie ;

5º En *masse* ou *concentré,* destiné à masquer les réserves derrière les obstacles et à les défiler des projectiles ennemis, tout en les tenant à la disposition immédiate du général en chef.

Quant aux *évolutions*, elles présentent le même caractère que les manœuvres, mais elles ont le bataillon pour élément.

III. **Cavalerie. Modes d'action.** — La cavalerie

agit par la *rapidité d'allures*, par le *choc*, rarement par les *feux* : elle éclaire, elle renverse, elle poursuit : c'est une arme difficile à recruter et à remonter, longue à instruire, coûteuse à entretenir, n'ayant que de faibles propriétés tactiques, mais indispensable pour les opérations stratégiques.

En raison de la multiplicité de ses rôles et de la diversité des races de chevaux, la cavalerie comprend trois espèces de cavaliers : la *cavalerie légère* agit *hors ligne* et combat par les *feux* : la *grosse cavalerie* ou *de réserve* agit *en ligne* et combat par *la charge* : la *cavalerie mixte* ou *de ligne* participe aux deux rôles.

Organisation tactique. — L'unité tactique est l'*escadron*, qui se partage en 4 pelotons.

Le *peloton* est l'unité tactique secondaire employée pour les petites opérations et le service hors ligne.

Le *régiment* contient de 4 à 6 escadrons : 2 ou 3 régiments forment une *brigade*, et la *division* est la réunion de 2 ou 3 brigades, grande unité tactique pour l'organisation des réserves de cavalerie.

Les brigades et les divisions *mixtes* sont celles qui comprennent au moins deux espèces de cavalerie.

Formations et manœuvres. — Les *formations* de l'escadron sont les suivantes :

1° En *bataille*, pour la charge, avec front de 50 mètres environ, sur 2 rangs ;

2° En *colonne*, toujours à distance entière pour la manœuvre et quelquefois avec allongement considérable pour la marche.

Quant aux *manœuvres*, elles sont analogues à celles du bataillon en beaucoup de points, mais elles ont pour éléments le peloton et les groupes de 4 files : le peloton possède la formation en bataille, en colonne, en *fourrageurs* et en *tirailleurs*.

Ordres et évolutions. — La division de cavalerie peut adopter l'un des *ordres* suivants :

1° En *ligne*, mais presque toujours sur deux ou plusieurs lignes distantes au moins de carrière de charge, composées de troupes déployées ou en colonne ;

2° En *colonne*, pour la marche et la manœuvre, quelquefois pour l'attaque ;

3° En *échelons*, par escadrons, régiments ou brigades, par le même mécanisme que dans l'infanterie, offrant l'avantage de former rapidement des lignes obliques ;

4° En *masse*, pour la concentration de la cavalerie de réserve, tant qu'elle n'est pas dans le rayon des feux.

Les *évolutions* se font avec un extrême rapidité, en augmentant les allures : elles ont pour élément l'escadron et ont toujours lieu au moins par front de peloton.

IV. Artillerie, mode d'action. — L'artillerie agit exclusivement par les *feux* : elle appuie les attaques de l'infanterie et de la cavalerie, dont elle dépend toujours, sauf de rares exceptions, et par lesquelles elle a besoin d'être *escortée*, car elle ne possède que de faibles moyens de défense à courte distance : c'est une arme longue à instruire et d'un entretien dispendieux, surtout quand on veut la maintenir à hauteur des progrès tactiques.

L'artillerie comprend plusieurs spécialités dont les deux plus importantes sont les suivantes, déterminées par le calibre, le mode d'attelage et de service des pièces :

1° *L'artillerie de campagne*, attachée aux divisions et aux réserves, destinée à battre les troupes ennemies et les obstacles, fournie par les *batteries montées, à cheval, de montagne*;

2° *L'artillerie de siége*, attachée à la réserve générale de l'armée, destinée à défendre ou à renverser les places fortes, fournie surtout par les *batteries à pied*.

Les projectiles enployés sont de trois espèces :

1° *L'obus ordinaire*, ayant un tir efficace de 600 à 3,000 mètres et au delà ;

2° *L'obus à balles*, dont on se sert de 600 à 1,500 mètres ;

3° La *boîte à mitraille*, n'ayant d'effet que de 300 à 600 mètres ;

Les feux sont exécutés *à commandement*, tels sont les *feux par pièce* et les *feux par salve*, ou ils ont lieu *à volonté*.

Organisation tactique. — L'unité tactique est la *batterie* de 6 pièces, qui se partage en 3 sections.

La *section* est l'unité tactique secondaire pour les petites opérations.

Le *régiment* contient de 8 à 16 batteries affectées aux diverses spécialités : *la brigade* est la réunion de 2 régiments et doit comprendre toutes les batteries nécessaires à un corps d'armée.

Formations et manœuvres. — La batterie adopte les *formations* suivantes :

1° *En bataille*, pour le rassemblement et les évolutions, toutes les pièces sur le même rang, avec un front de 60 à 80 mètres et une profondeur de 25 à 30 mètres ;

2° *En colonne*, pour la manœuvre, par section ou par pièce ;

3° *En batterie*, pour le combat, toutes les pièces sur une même ligne avec des intervalles très-variables.

Les *manœuvres* sont très-simples et ont pour

élément la pièce, suivie ou non de son caisson.

Ordres et évolutions. — Les *ordres de bataille* sont les mêmes que les formations : l'ordre en colonne diffère de la formation en colonne par l'étendue de son front qui est toujours celui d'une batterie.

Les *évolutions* sont analogues à celles de la cavalerie, mais elles laissent une grande latitude au chef de la batterie sur le choix du moment et de la position pour l'exécution des feux.

ARTICLE III. — *Tactique appliquée.*

L'adoption des divers ordres et formations, le choix des évolutions, l'appui mutuel des trois armes, l'emploi le plus utile des propriétés de chacune d'elles, ne peuvent être efficaces qu'en agissant conformément à la configuration et aux accidents ou obstacles du champ de bataille : il existe entre ces éléments de la tactique, une corrélation évidente qui exige la connaissance la plus sérieuse du terrain et demande l'étude constante, raisonnée et appliquée, des positions militaires.

Le *terrain* comprend les voies de communication, les cours d'eau. les localités, les plaines, les hauteurs, les bois et les défilés, qui tous nécessitent l'application de règles variées dans les moyens usités pour les attaquer ou les défendre. L'étude du terrain est confiée aux *reconnaissances.*

La *position militaire* est l'espace de terrain sur lequel s'établit une armée pour livrer ou recevoir bataille : en avant de la position se trouve le champ de bataille, en arrière est la ligne de retraite.

Pour qu'une position soit bonne, il faut qu'elle soit forte par elle-même et importante au point de vue stratégique : elle doit réduire les points d'attaque, faciliter l'offensive des troupes qui l'occupent, obliger au contraire l'ennemi à attaquer en décousu, à défiler sous des feux croisés, et retarder sa marche par des obstacles naturels ou artificiels ; les éléments dont elle se compose sont les abords, le front et les postes avancés, les flancs, l'intérieur et les derrières.

Le choix d'une position est basé sur les règles qui déterminent les ordres de bataille et sur les principes d'après lesquels sont construits les ouvrages de fortification ; il dépend aussi des projets ultérieurs du général en chef sur l'offensive ou la défensive ; les abords doivent être découverts et coupés par des obstacles inertes ; le front est en rapport avec la force de l'armée et présente des postes avancés qui retardent les attaques de l'assaillant en facilitant celles de la défense ; les flancs sont appuyés sur des obstacles ou sur des troupes, l'intérieur présente assez de place pour la circulation des diverses parties de l'ordre de bataille, plusieurs lignes de feux, et un réduit sur lequel est basé tout le système de la résistance et sous la protection duquel a lieu le dernier acte de la défense : enfin, les derrières sont assurés et la ligne de retraite est protégée par les dernières réserves.

ARTICLE IV. — *Grande tactique.*

I. **Objet.** — La *grande tactique* ou *tactique spéculative* s'occupe de l'organisation des armées destinées à faire la guerre, de leur force, de leur composition, de leur fractionnement et de la répartition des armes ainsi que des services des non-combattants.

Ces déterminations sont basées sur un certain nombre de considérations dont les principales sont les suivantes : la guerre est-elle offensive, défensive, de campagne ou de siége ? Quelle est l'importance du but à atteindre ? Quelles sont les forces ennemies ? Quelles sont les ressources, la la nature et l'étendue du théâtre des opérations ? Quel est l'esprit des populations qui occupent le territoire ?

Les bases de la grande tactique ne sont posées, dans l'armée française, que sur les principes de *l'ordonnance du 3 mai 1832 sur le service des armées en campagne* : on les complète par la création des camps d'instruction dans lesquels sont réunis les éléments combinés des diverses armes.

L'ordre de bataille primitif étant établi, la grande tactique envisage les batailles, et elle cherche à tirer le meilleur parti possible de cet ordre, en l'appropriant aux circonstances de la lutte et en le modifiant d'après les conditions locales.

II. **Éléments constitutifs d'une armée en guerre.** — Toute armée organisée pour la guerre, c'est-à-dire toute armée active, se compose des *éléments constitutifs* ci-dessous désignés :

1° Les *combattants*, dont les armes sont combinées d'après des proportions variables qui sont généralement les suivantes :

L'infanterie est prise pour unité.

La cavalerie varie du $\frac{1}{4}$ au $\frac{1}{10}$ de l'infanterie.

L'artillerie présente un effectif à peu près égal à celui de la cavalerie et comporte de 3 à 4 bouches à feu par 1,000 hommes.

Le génie varie du $\frac{1}{25}$ au $\frac{1}{50}$ de l'infanterie ;

2° Les *non-combattants*, dont l'effectif varie du $\frac{1}{20}$ au $\frac{1}{30}$ de celui des combattants : il convient d'ajouter à ceux dont nous avons déjà donné l'énumération, dans les principes d'organisation, les brigades de gendarmerie, le service de l'aumônerie, les services des postes, de la trésorerie, des télégraphes et des chemins de fer ;

3° Les *établissements temporaires*, formés aux armées ou à leur suite, constituant un service général des *étapes*, comprenant les tribunaux, les prévôtés, les ambulances, hôpitaux temporaires, dépôts de convalescents, magasins de vivres et d'habillements, parcs de munitions, enfin les places du moment ;

4° Les *états-majors*, chargés de la direction générale des troupes et des services, savoir :

L'*état-major général de l'armée*, composé des officiers du *corps d'état-major* dont les fonctions sont les suivantes : transmission des ordres, travaux extérieurs, établissement des camps, reconnaissances spéciales, correspondance avec les chefs des troupes et des services, étude de la situation des troupes, préparation des plans et projets, rapports aux généraux sur tous les renseignements militaires.

Le *corps de l'intendance*, qui dirige les services administratifs, assure les approvisionnements, répartit, perçoit et emploie les contributions de guerre.

L'*état-major particulier de l'artillerie*, qui est chargé d'établir les épaulements pour les pièces, d'entretenir les armes et les munitions et de construire les ponts mobiles.

L'*état-major particulier du génie*, qui dirige

les travaux de fortification permanente, l'attaque et la défense des places, établit les redoutes, fortins, blockhaus, têtes de pont, lignes et camps retranchés, digues d'inondation et ponts à supports fixes.

III. **Répartition des éléments et fractionnement d'une armée en guerre.** — Une *grande armée* se fractionne en plusieurs *armées* qui sont désignées par des numéros, des appellations géographiques ou des dénominations tirées de leur situation respective, de façon à constituer autant que possible un centre, deux ailes, une réserve.

Chacune des *armées particulières* se subdivise en corps d'armée, au nombre de 2 à 4, généralement désignés par des numéros.

Chaque *corps d'armée* se fractionne à son tour en divisions, au nombre de 2 ou 3, qui sont numérotées.

Enfin la *division* comprend 2 *brigades*, également numérotées.

Voici comment se répartissent les éléments constitutifs dans chacune de ces grandes fractions :

1° La *division* contient :

Un quartier-général, dans lequel sont compris : le général de division, le chef d'état-major, les aides-de-camp, officiers d'ordonnance et adjoints, le commandant de l'artillerie, celui du génie, le sous-intendant, le prévôt, le payeur, l'aumônier, enfin les divers bureaux et l'ambulance.

En infanterie, 2 brigades, c'est-à-dire 8 à 13 bataillons.

En cavalerie, 2 à 4 escadrons.

En artillerie, 13 ou 41 batteries et 1 parc divisionnaire.

En génie, 1 compagnie;

2° Le *corps d'armée* contient :

Un quartier-général, dans lequel sont compris : le commandant du corps d'armée, le chef d'état-major, les aides-de-camp, officiers d'ordonnance et adjoints, l'état-major de l'artillerie, l'état-major du génie, l'intendant, le prévôt, le médecin, le pharmacien et le vétérinaire, chefs du service de médecine ou d'hippiatrique, le payeur-principal, l'aumônier, des fonctionnaires et agents disponibles et les bureaux et tribunaux.

2 divisions d'infanterie.

La réserve de cavalerie et d'artillerie.

Les parcs d'artillerie, du génie et des équipages.

Les ambulances ;

3° *L'armée particulière* contient :

Un quartier-général, dans lequel sont compris : le commandant de l'armée, le chef d'état-major général, les aides de-camp, officiers d'ordonnance et adjoints, l'état-major général de l'artillerie, celui du génie, l'intendant général, le grand prévôt, le médecin, le pharmacien et le vétérinaire, chefs de service, le payeur général, l'aumônier en chef, les ingénieurs en chef des chemins de fer et des télégraphes, des fonctionnaires et agents disponibles, les bureaux et les tribunaux.

2 à 4 corps d'armée.

La réserve générale de cavalerie et d'artillerie.

Les grands parcs d'artillerie, du génie et des équipages.

Les ambulances et hôpitaux temporaires.

Les magasins temporaires ;

4° La *grande armée* comprend :

Un grand quartier-général, qui contient le général en chef, son major-général et les chefs de tous les services et spécialités placés hors division par analogie avec celui de chaque armée particulière.

2 à 4 armées particulières.

Quelquefois, des réserves générales et des grands parcs, mais le plus souvent on les répartit par chaque armée.

IV. **Bataille** — La *bataille* est la rencontre de la plus grande partie, si ce n'est de la totalité, des deux armées ennemies : c'est la conséquence des manœuvres stratégiques et c'est la dernière expression de la tactique : elle a toujours des résultats considérables, souvent décisifs, sur l'ensemble des opérations.

Le *combat* est une réduction de la bataille : moins de troupes y sont engagées et les résultats en sont moins importants : à part cette considération, les règles et les principes sont les mêmes.

Il y a trois sortes de batailles, savoir :

1º La *bataille offensive*, ayant surtout une force morale, lorsqu'on attaque l'ennemi ;

2º La *bataille défensive*, s'appuyant sur la force matérielle quand l'ennemi attaque ;

3º La *bataille de rencontre*, lorsque les deux armées se trouvent en présence sans plan définitivement arrêté.

La bataille est un grand drame dans lequel le sort d'une nation est engagé et qui se termine par la victoire ou la défaite. Bien que consistant dans une action continue qui dure quelquefois plus d'une journée, elle peut être décomposée en trois parties distinctes, surtout quand on l'envisage dans tout son ensemble.

1º La première partie contient les préliminaires et l'exposition des opérations stratégiques qui ont précédé et amené la bataille, la description du champ de bataille, des positions occupées par les deux armées, du plan adopté par leurs chefs, l'énumération des forces en présence, et l'appréciation sur l'ordre de bataille primitif.

2º La deuxième partie est formée par la bataille
même, elle en indique les périodes, les phases et
les moments : elle décrit les mouvements effec-
tués, les modifications apportées à l'ordre primitif;
la crise, l'événement, le dénouement et la poursuite tactique ;

3º La troisième partie détermine les conséquences stratégiques de la bataille et contient les
critiques des fautes commises et des procédés tactiques employés

V. Ordre de bataille primitif. — On désigne par
ordre de bataille primitif le tableau méthodique
des fractions qui constituent une armée, ainsi
que les dispositions adoptées par un général au
début d'une action : sous ce dernier rapport, cet
ordre est déterminé par des considérations tactiques,
topographiques et stratégiques, par la nature du
but à atteindre, par la position de l'ennemi, par
le nombre des troupes en présence, par le moral
de ces troupes, par le caractère des chefs qui les
commandent, enfin par la nécessité de donner à
chaque arme une place qui lui permette de faire
usage de ses propriétés et de produire tout son
effet. Pour établir cet ordre, il faut savoir juger le
terrain, apprécier les distances et la direction
des attaques, assurer la supériorité numérique
sur le point important afin d'enlever ou de garder
la clef de la position, enfin employer ses réserves
à temps.

L'ordre de bataille peut présenter l'une des
dispositions suivantes par rapport à la ligne ennemie :

1º *Ordre parallèle*, quand l'action est simultanée
sur tout le front;

2º *Ordre perpendiculaire* ou *en échelons*, permettant une série d'efforts successifs et un grand
effort sur un point, tandis que le reste de l'armée

engage un combat traînant ou exécute des démonstrations.

De ces deux ordres, le dernier est de beaucoup le meilleur, et voici comment on répartit généralement les troupes, dans le but d'assurer la succession des efforts :

1° Une *première ligne*, composée des troupes immédiatement engagées, généralement fournie par les avant-postes ou l'avant-garde;

2° Une *deuxième ligne*, comprenant les troupes de soutien, extraite des troupes campées en première ligne ou de la tête de la colonne;

3° Une *troisième ligne* ou *réserve*, destinée à porter des coups décisifs, à renforcer certains points des deux premières lignes ou à parer à des attaques imprévues, surtout sur les flancs.

L'ensemble des deux premières lignes, ou chacune d'elles séparément, est ordinairement partagé en *deux ailes* et *un centre*, lorsque ce fractionnement correspond aux parties constitutives de l'ordre de bataille primitif : on s'en abstient dans le cas contraire, afin d'éviter les contr'ordres et les méprises.

L'*étendue du front* dépend du nombre des troupes engagées, mais il est bon de l'établir à raison de 5 à 10 hommes environ, dans le sens de la profondeur, par mètre courant de longueur.

Les *distances* à maintenir entre les lignes dépendent des circonstances de la lutte : la deuxième doit toujours être à même de secourir la première : quant à la réserve, elle se tient à l'abri des feux jusqu'au moment où elle entre en action. Il est préférable d'accoler les régiments d'une brigade, les brigades d'une division, les divisions d'un corps d'armée et les corps d'armée d'une armée, plutôt que de les déployer tout entiers sur l'une ou l'autre ligne, car s'il est besoin de ren-

forts aux têtes d'attaque, un chef peut y consa-
crer les troupes qui sont naturellement placées
sous son commandement, et tel est l'avantage de
l'ordre perpendiculaire.

L'infanterie et l'artillerie divisionnaire composent toujours la première ligne, ainsi que la
deuxième dont les flancs sont souvent protégés
par la cavalerie divisionnaire, et elles y sont généralement employées en combinant l'ordre en
ligne avec l'ordre en colonne : quelquefois on y
place aussi les batteries de l'artillerie du corps
d'armée. En troisième ligne, se trouvent les réserves générales qui adoptent l'ordre concentré
par masses, tant qu'elles ne sont pas engagées.

VI. **Modifications à l'ordre de bataille primitif**.
— L'ordre de bataille primitif, loin d'être im-
muable, est purement théorique dans la réalité
et ne doit être considéré que comme la base des
dispositions à adopter : les causes qui tendent à
le modifier sont fort nombreuses et nous citerons
surtout : la configuration et l'étendue du champ
de bataille, l'espèce de troupes que l'on peut en-
gager, la certitude ou la supposition fondée des
forces et des intentions de l'ennemi. Ces modifications résultent d'opérations particulières appe-
lées *reconnaissances*.

Les *modifications* les plus fréquentes seront de
faire perdre aux deux premières lignes leur paral-
lélisme, leur alignement et de les conformer aux
sinuosités du sol ; les fronts des troupes devien-
dront très-inégaux, tantôt se resserrant, tantôt
s'allongeant par l'accroissement des intervalles :
les formations varieront souvent et rapidement,
selon le caractère spécial du combat sur divers
points, permettant ainsi aux troupes de tirer tout
le parti de leurs propriétés, en mettant à profit les
accidents du sol. La réserve sera réunie ou divi-

sée, derrière le centre ou l'une des ailes : à certains moments, les batteries d'artillerie et les escadrons de cavalerie seront appelés par petites fractions au secours des premières lignes, ou destinés à venir former une partie de l'ordre de bataille et à agir comme arme indépendante.

Dans une *bataille défensive*, la question la plus importante est le choix d'une bonne position, sur laquelle les troupes seront réparties conformément aux règles de la tactique appliquée, adoptant des formations et des ordres qui facilitent leur mode d'action et leur permettent de s'appuyer réciproquement. Quant à la défense, elle peut varier et présenter les caractères suivants :

1° *Défense passive*, se bornant à conserver les positions, généralement mauvaise ;

2° *Défense active*, appuyant la résistance par de vigoureux retours offensifs, gage probable d'un succès ;

3° *Défense en ordre séparé,* nécessitée par l'insuffisance des troupes ou par les conditions locales, qui n'est praticable qu'avec un croisement très-efficace des feux, flanquant les parties non occupées ;

4° *Le combat traînant*, destiné à tromper l'assaillant, en dissimulant la faiblesse des troupes et des moyens de défense ;

5° *Défense par les retranchements*, d'autant plus efficace que le tir des armes est plus perfectionné.

La *bataille offensive* demande une reconnaissance préalable des positions occupées par l'ennemi, dans le but de déterminer la direction du point d'attaque afin d'atteindre sa ligne de retraite : elle commence toujours par des démonstrations partielles qui inquiètent l'adversaire, lui font déployer ses forces, et l'amènent souvent à

s'affaiblir sur le point où aura lieu l'action définitive qui peut être l'une des suivantes :

1° *Attaque centrale*, lorsque la clef de la position se trouve au centre des lignes ennemies, à
cheval sur la ligne de retraite ;

2° *Attaque d'aile*, amenée par des considérations
stratégiques sur la ligne de retraite de l'ennemi ;

3° *Attaque latérale* ou *de flanc*, très-bonne, mais
exposant les troupes à se faire tourner, nécessitant
des obstacles pour couvrir l'attaque et mettant à
profit les mauvaises dispositions de l'adversaire ;

4° *Attaque de revers*, combinée avec une attaque
sur le centre ou sur une aile, produisant toujours
un grand effet moral;

5° *Attaque sur les deux ailes*, mouvement offen-
sif combiné et nécessitant l'appui d'une forte position défensive centrale ;

6° *Attaque sur le centre et une aile*, destinée à
faire abandonner le centre, si celui-ci est trop fort
pour être enlevé, en menaçant le flanc ; .

7° *Attaque d'aile et de flanc*, déterminée par
des considérations essentiellement stratégiques ;

8° *Attaque enveloppante*, la meilleure de toutes
puisqu'elle fait converger tous les feux, mais praticable seulement avec une grande supériorité
numérique.

La possibilité des *batailles de rencontre* indique
la nécessité absolue pour tout général en chef
d'adopter toujours, pendant la marche près de
l'ennemi, des dispositions qui lui permettent de
prendre immédiatement l'ordre de bataille primitif ; après les premiers engagements, l'une des
deux armées en présence se décide à la défensive,
tandis que l'autre prononce ses attaques, et la
bataille rentre dans l'un des nombreux cas que
nous venons d'énumérer

CHAPITRE IV.

STRATÉGIE.

ARTICLE Iᵉʳ. — *Notions préliminaires.*

I. Définition. — La *stratégie* est la science des mouvements d'une armée pendant la guerre : elle correspond à la deuxième situation de l'armée, qui est la marche ; elle détermine les moyens à employer pour l'exécution des plans de campagne et elle agit sur le théâtre des opérations comme la tactique sur les champs de bataille.

Cette partie de l'art de la guerre repose sur des données à peu près constantes, sur des éléments connus et définis, en sorte qu'il est possible de lui appliquer des règles fixes et déterminées.

Le résultat de tous les mouvements stratégiques est la bataille, c'est-à-dire une application tactique, mais ils doivent être tels que la supériorité numérique soit assurée sur le point décisif : la stratégie cherche donc, autant que possible, à assurer les deux faits suivants, l'anéantissement de l'ennemi et la plus grande conservation de ses propres troupes.

II. Espèces diverses de guerre. — Le plan de campagne détermine la nature de la guerre qui peut être l'une des suivantes :

1° La *guerre offensive,* dont le but est l'invasion partielle d'une des provinces ennemies ou l'invasion générale du territoire : elle est avantageuse au point de vue politique, elle consolide le moral de l'armée, elle éloigne la guerre de son pays, et elle procure souvent le succès par la hardiesse des conceptions ;

2° La *guerre défensive*, qui a pour objet de résister sur son propre sol : elle ne peut avoir d'autre motif que l'insuffisance numérique : elle a le grave inconvénient d'attirer le fléau de la guerre sur la nation : enfin, elle doit toujours être active, c'est-à-dire que l'armée, tout en résistant, doit prendre souvent l'initiative des attaques en occupant des positions de flanc ;

3° La *guerre de campagne*, qui consiste surtout dans les marches, les combats et les batailles ;

4° La *guerre de siéges*, lorsque l'action principale se réduit à la défense ou à la perte d'une ou de plusieurs places fortes.

ARTICLE II. — *Points et lignes stratégiques.*

Dans toute guerre, il faut que le plan de campagne ait déterminé la ligne d'où part l'ennemi ou sur laquelle elle s'établit, le point qu'elle doit atteindre ou chercher à protéger, la ligne qui la conduit à ce point ou celle qui lui permet de le défendre.

Dans la *guerre offensive* :

1° La *base d'opérations* est une zone déterminée par un réseau de places fortes ou par un grand obstacle naturel, d'où part l'armée pour envahir le territoire ennemi : elle y établit ses dépôts, ses magasins et ses réserves : elle l'utilise pour assurer sa retraite : si elle s'en éloigne beaucoup, elle se relie avec la base principale, en établissant des bases secondaires ;

2° L'*objectif*, est le point que l'armée cherche à atteindre : il est déterminé par son importance momentanée ou par des considérations relatives à la conclusion et aux conditions de la paix : c'est la base d'opérations de l'adversaire, une grande place forte, la capitale de la nation ;

3° La *ligne d'opérations* tend de la base à l'objectif ; elle est adoptée en raison des ressources du pays, des obstacles et de la position occupée par l'adversaire : elle est simple ou double ou multiple, mais la première est toujours la meilleure. Quand elle est multiple, elle comprend des lignes intérieures ou extérieures, reliées entre elles par des lignes de communication. Souvent aussi, la ligne adoptée au début devient insuffisante, et on la remplace par une ligne accidentelle. Le choix des lignes d'opérations est la partie la plus importante de tout l'art de la guerre et en compose presque entièrement le secret.

Dans la *guerre défensive* :

1° La base d'opérations devient la *ligne de défense* ;

2° L'*objectif* reste déterminé par les mêmes considérations ;

3° La ligne d'opérations est la *ligne de retraite*.

Ces trois éléments sont établis d'après le mode de résistance adopté et qui peut être l'un des suivants : *système concentré, système en cordon, positions de flanc.*

ARTICLE III. — *Opérations stratégiques.*

I. Définition. — L'*opération stratégique* est tout mouvement fait hors de portée des coups de l'ennemi, ayant pour objet de l'atteindre ou de l'éviter : telles sont les marches en avant, les marches par le flanc, les retraites, les poursuites, les pointes, les diversions et les démonstrations.

II. **Marches en avant**. — Les *marches en avant* ont pour but de porter l'armée contre l'ennemi : elles sont de deux sortes :

1° Les *marches de concentration,* destinées à rassembler l'armée sur sa base d'opérations : elles sont souvent exécutées loin de l'ennemi, dans le plus grand secret et avec toute la rapidité possible : elles constituent les mouvements préparatoires d'une entrée en campagne. Les moyens employés sont les *marches ordinaires* ou *forcées* et le *transport par les voies rapides*, chemins de fer et bâtiments de la marine ;

2° Les *marches manœuvres*, exécutées à proximité de l'ennemi, ayant pour élément le corps d'armée, qui est la grande unité stratégique : elles ont pour but de joindre l'ennemi à propos, de le devancer sur un point important, de le forcer à accepter la bataille, quelquefois aussi d'éviter l'ennemi ; elles ont ordinairement lieu par étapes, avec des dispositions permettant de prendre rapidement l'ordre de bataille, rarement par les voies ferrées : leur ensemble constitue l'échiquier stratégique sur lequel la marche de chaque colonne est établi de façon que celle-ci arrive, à temps voulu, pour former une aile, le centre ou la réserve d'une armée engagée dans une bataille.

III. **Marches de flanc**. — Les *marches de flanc* sont exécutées dans le courant des opérations et elles ont pour but, soit une concentration momentanée, soit l'adoption d'une ligne accidentelle d'opérations.

IV. **Marches en retraite**. — Les *marches en retraite* sont employées pour se soustraire aux coups de l'ennemi : elles sont déterminées par des motifs divers et constituent deux grandes catégories, les *retraites volontaires* ayant en vue des combinai-sons nouvelles, et les *retraites forcées* résultant d'une bataille perdue.

Les mouvements adoptés pour l'exécution des retraites partagent celles-ci en trois classes distinctes :

1° Les *retraites concentrées*, qui se font sur une seule route par échelons ou sur plusieurs routes parallèles très-rapprochées ;

2° Les *retraites divergentes*, qui lancent les corps d'armée dans des directions excentriques ;

3° Les *retraites convergentes*, dont le but est de ramener les corps et les détachements épars vers la base d'opérations.

Si l'on considère la direction de la retraite par rapport à la ligne d'opérations, on observe deux espèces différentes de mouvements :

1° Les *retraites perpendiculaires* ou *directes*, suivant la ligne d'opérations, s'éloignant de la frontière, abandonnant le territoire à l'ennemi ;

2° Les *retraites parallèles* ou *latérales*, se plaçant sur le flanc de la ligne d'opérations, s'étendant le long de la base d'opérations ou de la ligne de défense, permettant de continuer à vivre sur le pays ennemi, en ne laissant pénétrer que faiblement l'adversaire sur le territoire et l'amenant à abandonner sa première ligne d'opérations.

V. **Poursuites.** — Les *poursuites stratégiques* commencent généralement au lendemain d'une victoire et chassent l'ennemi du champ de bataille vers son objectif ; les troupes qui les exécutent sont obligées d'adopter des dispositions en rapport avec celles que l'adversaire prend dans la retraite, afin de le harceler sans cesse et de se ménager le succès à chaque rencontre ; il y a donc des poursuites *concentrées, divergentes* et *convergentes*.

Les poursuites *directes* ou *latérales* ne correspondent pas aux retraites directes ou latérales ;

les premières indiquent que le gros de l'armée se maintient sur la route principale, cherchant à détruire dans leur retraite les corps ennemis lorsqu'ils sont isolés ; les secondes signifient que l'adversaire tient toutes ses forces rassemblées et que l'armée, lancée à la poursuite, le côtoie sur l'un de ses flancs afin de le devancer à quelque défilé important.

VI. **Opérations détachées.** — Les *opérations détachées* sont des mouvements offensifs exécutés au loin, en rapport avec l'action de l'armée ou indépendants de cette action, et que l'on appelle *pointes, démonstrations* et *diversions* ; elles sont confiées à des *détachements de partisans* qui ont à combattre les flanqueurs et les partisans de l'ennemi, ainsi que les *détachements d'étapes* qu'il a répartis sur sa ligne d'opérations et sur ses lignes de communications.

VII. **Dispositions communes.** — Toute troupe qui exécute une opération stratégique, se couvre et se fait protéger par un cordon de surveillance et de sûreté qui comprend l'*avant-garde,* l'*arrière-garde* et les *flanqueurs* ; ces fractions ont un rôle, une composition, une force et des relations qui varient suivant la nature du pays, l'objet et la direction de la marche. Quant aux opérations mêmes, elles sont toujours précédées de *reconnaissances spéciales* faites à l'avance et de *reconnaissances journalières* faites au moment de les exécuter.

CHAPITRE V.

INSTALLATION DES TROUPES AU REPOS.

I. **Définition.** — A la troisième situation de l'armée en guerre, au repos, correspond une partie de l'art de la guerre qui traite de l'installation des troupes dans les cantonnements, les camps et les bivacs ; elle s'appuie sur des considérations politiques, stratégiques, tactiques, administratives et hygiéniques.

II. **Cantonnements.** — Le *cantonnement* est le logement des troupes chez l'habitant ; il y en a de plusieurs sortes :

1° *Pour la concentration,* au début d'une campagne, en l'absence de tout danger immédiat.

2° *D'occupation,* pendant un armistice, après la paix, pour assurer la levée d'un impôt de guerre, dans le service des étapes.

3° *D'investissement,* pour une armée qui bloque ou investit une place forte.

4° *Les quartiers d'hiver,* lorsque la saison est trop rigoureuse pour continuer les opérations.

Les principes de l'établissement d'un cantonnement varient donc en raison du but que l'on se propose : la répartition des troupes se fait d'après les ressources des localités et est indiquée par le *tableau de dislocation* qui en résume les principaux éléments. Chaque fraction de troupe, depuis la compagnie jusqu'au corps d'armée, a sa *place d'alarme,* endroit découvert et de dimensions suffisantes où se réunissent les hommes qui la composent, en cas d'alerte.

III. **Camps**. — Les *camps* consistent dans l'installation des troupes sous les baraques ou les tentes ; il y en a deux catégories bien distinctes :

1º Les *camps d'instruction*, établissements employés pendant la paix pour exercer les troupes et les préparer à la guerre, dans lesquels il faut chercher à rapprocher, autant que possible, la fiction de la réalité ;

2º Les *camps de campagne*, dont la situation et l'importance dépendent de considérations tactiques et stratégiques ; on ne les emploie que pour occuper une position pendant quelques jours au moins ; la profondeur d'un camp dépend du nombre des lignes que forme l'armée ; son *front de bandière* doit être égal à l'étendue de la première ligne.

IV. **Bivacs**. — Les *bivacs* sont employés, lorsque la saison est peu rigoureuse, pour établir les troupes au repos sur une position que l'on ne doit pas occuper longtemps, ainsi que pour les premières lignes du service des avant-postes ; dans ce cas, les hommes se reposent en plein air et près des feux.

V. **Dispositions communes**. — Toute troupe qui cantonne, campe ou bivaque, se couvre et se protége en consacrant une partie de son effectif pour le réseau des *avant-postes*; ceux-ci ont pour but de surveiller le terrain du côté de l'ennemi, de s'opposer à ses attaques et de lui résister jusqu'à ce que le camp ait eu le temps de prendre ses dispositions pour le combat ou pour la retraite. Au delà de la chaîne des avant-postes, les *découvertes* et les *reconnaissances* vont étudier le terrain et observer l'ennemi.

CHAPITRE VI.

DROIT INTERNATIONAL PENDANT LA GUERRE.

I. **Objet.** — La guerre, considérée comme moyen de défense, constitue un droit sacré, mais elle n'a souvent d'autre motif que l'arbitraire et l'esprit de conquête, et c'est alors la violation la plus grande des lois et des droits naturels ; à cet acte illégal, qui consiste dans l'emploi exclusif de la force, il est difficile d'indiquer des limites, et les seules bases sur lesquelles reposent les moyens d'action sont l'*usage* et les *règles d'humanité*. Voici comment procèdent généralement les peuples civilisés.

II. **Ouverture des hostilités.** — Les hostilités ne doivent commencer qu'après avertissement donné à la nation ennemie ; les agents diplomatiques sont rappelés : un manifeste explicatif est adressé aux puissances alliées ou neutres : la *déclaration de guerre*, suivie d'un ultimatum, rappelant les griefs et demandant les réparations, est expédiée à l'adversaire.

III. **Nature des hostilités.** — La guerre est faite par les armées et la qualité de *belligérants* n'est reconnue qu'aux hommes des troupes réglées : les hostilités doivent être dirigées en vue de nuire le plus possible à l'armée et aux biens publics de l'ennemi, en respectant les êtres inoffensifs et les propriétés privées.

La guerre peut s'étendre sur tout le territoire

des nations belligérantes et de leurs alliés ; c'est
ce que l'on appelle le *théâtre de la guerre.*

Les *puissances neutres* ont le droit de faire respecter leur intégrité territoriale et de désarmer
toute troupe qui a franchi leur frontière ; mais
elles ont le devoir de s'abstenir de tout acte offen-
sif ainsi que du trafic relatif à la contrebande de
guerre.

Les *nationaux* appartenant à l'Etat ennemi sont
expulsés ou placés sous la protection des agents
diplomatiques des puissances neutres.

L'*assassinat* et l'*empoisonnement* sont repoussés
par la conscience ; mais cependant ils peuvent
n'être que le résultat de l'exaltation et de la haine
des populations envahies : le *pillage* et l'*incendie*
sont aussi placés en dehors des moyens admis et
reconnus ; ils ne peuvent trouver leur excuse que
dans les représailles des assassinats et des attaques
isolées ; les *espions* ennemis sont punis de mort ;
l'usage des *stratagèmes* doit être repoussé, car il
mène rapidement de la ruse à la déloyauté.

Les *parlementaires* ennemis sont toujours reçus
avec égard ; mais aucune considération, autre que
des ordres supérieurs, ne peut obliger un chef à
consentir à des pourparlers ou à des entrevues.

L'existence des *prisonniers* est sacrée : leurs
tentatives d'évasion, leurs actes de mutinerie doivent être punis de mort ; il en est de même pour
ceux qui, ayant été *parolés,* ont violé leur parole
et repris du service dans les rangs de l'armée
ennemie.

A ces actes usuels, il convient d'ajouter les deux
seules lois que le droit de la guerre possède jusqu'ici, l'une interdisant l'emploi des *balles explo-
sibles,* l'autre neutralisant les *employés du service
de santé* et de la *société internationale des secours
aux blessés;* enfin, quelques articles d'un nouveau

droit maritime pendant la guerre ont été reconnus et admis par les puissances signataires du *traité de Paris* en 1856.

IV. **Suspension et cessation des hostilités.** — Les hostilités peuvent être suspendues dans le courant de la guerre et doivent cesser quand le but est atteint.

La *suspension d'armes* ne dure généralement que très-peu de jours et n'a d'autre but que l'ensevelissement des morts après quelque grande bataille.

L'*armistice* a une durée variable, mais de quinze jours au moins; il donne lieu à une convention, et comme c'est souvent un acheminement vers les conclusions de la paix, il faut une dénonciation pour que les hostilités recommencent.

La *trève* dure plus longtemps que l'armistice et est déterminée par des considérations et des procédés analogues; elle n'est plus usitée.

La *paix* est la fin des hostilités; elle donne lieu à un *traité* dont les articles stipulent les conditions et les clauses.

CONCLUSION.

Nous avons cherché à résumer, dans une exposition très-concise, les éléments les plus importants dont se compose l'art militaire, non point avec la prétention d'établir un corps de doctrines immuables, mais simplement dans le but d'indiquer le rôle et l'objet de chacun de ces éléments, ainsi que de faire ressortir la nécessité de cultiver un art qui demande des connaissances presque universelles : à ceux qui nieraient l'utilité de cette étude, nous nous contenterons de répondre en citant l'opinion suivante émise sur ce sujet par le maréchal Bugeaud : « Si l'on n'est pas fixé « à l'avance sur les principes, sera-t-on assuré de « les appliquer au moment du danger? Non, il « ne faut pas se livrer au hasard de l'imagination « dans des choses aussi majeures : il faut avoir « des principes. Il y a bien assez des incidents « qu'on ne peut prévoir, sans laisser encore dans « le vague des questions qui peuvent être résolues par anticipation, à l'aide d'un raisonnement sain. »

TABLE DES MATIÈRES.

Pages.

Introduction 3

PREMIÈRE PARTIE.

SYSTÈME MILITAIRE.

Définition 5

CHAPITRE Ier. — Nécessité de l'armée permanente 6

— II. Effectif de l'armée permanente 10

— III. Principes d'organisation. . . 12

— IV. Principes de législation . . . 15

— V. Principes d'administration. . 16

DEUXIÈME PARTIE.

ART DE LA GUERRE.

Définition 18

CHAPITRE Ier. — But et utilité de l'histoire militaire 19

— II. Technologie, spécialité et sciences auxiliaires 22

— III. Tactique. 25

CHAP. III. — Art. 1er. — Notions préliminaires.   25
    —   —   II. — Tactique élémentaire .   28
    —   —   III. — Tactique appliquée. .   34
    —   —   IV. — Grande tactique   35

CHAP. IV. — Stratégie   46
    —   Art. 1er. — Notions préliminaires.   46
    —   —   II. — Points et lignes stra-
                            tégiques.   47
    —   —   III. — Opérations stratégiques   48

CHAP. V. — Installation des troupes au repos .   52

CHAP. VI. — Droit international pendant la
                guerre.   54

CONCLUSION   57